HYMNE

EN

L'HONNEUR DU MARTYR

J. THÉOPHANE VÉNARD

DÉCAPITÉ POUR LA FOI

AU TONG-KING, LE 2 FÉVRIER 1861,

composé

A L'OCCASION DE LA SOLENNITÉ PRÉSIDÉE A SAINT-LOUP

PAR

MONSEIGNEUR L'ÉVÊQUE DE POITIERS.

Se Vend au profit des Missionnaires :
(Franco) 40 cent.

PARIS
TOLRA ET HATON, LIBRAIRES-ÉDITEURS
RUE BONAPARTE, 68.
1862

NOTICE BIOGRAPHIQUE.

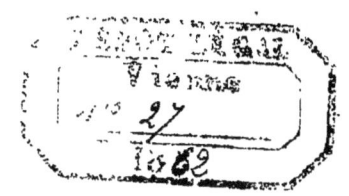

Jean-Théophane VÉNARD, naquit à Saint-Loup, petite ville de l'arrondissement de Parthenay, diocèse de Poitiers, le 21 novembre 1829. C'est au collége de Doué (Maine-et-Loire) qu'il fit ses études, sous la direction de M. l'abbé Moineau, frère de M. le curé de St-Loup et Principal de cet Établissement. Il vint toutefois au Petit-Séminaire diocésain de Montmorillon faire son cours de philosophie et entra au Grand-Séminaire dans le courant d'octobre 1848. Le 27 février 1851, le jeune abbé quitta sa famille pour le Séminaire des Missions, et ordonné prêtre en 1852, il s'embarqua le 14 septembre de la même année pour la résidence de Hong-Kong, où il devait attendre sa destination définitive. — M. Vénard fut enfin dirigé sur le Tong-King en 1854 et ce fut à la conversion du peuple Annamite qu'il consacra sa vie de Missionnaire. Arrêté par trahison, le jour de la fête de saint André, 30 novembre 1860, il fut chargé de chaînes et enfermé dans une cage d'où il ne devait sortir que pour recevoir la palme de son triomphe. — Il fut décapité le 2 février 1861, jour de la Purification de la très-sainte Vierge.

Le 2 février 1862, fut célébré, à Saint-Loup, ce touchant anniversaire. Monseigneur y prononça l'éloge du Martyr.

Les émotions de cette journée, les souvenirs qu'elle a réveillés dans les cœurs de tous ceux qui connurent Théophane ont été exprimés par M. l'abbé Pauvert, son ancien Supérieur au Petit-Séminaire de Montmorillon. Voici en quels termes il rend compte de la cérémonie :

« ..... Tous les martyrs ont une physionomie exclusive. Aussi, malgré les merveilles de courage qui sont comme vulgaires dans leur histoire, celui de Théophane Vénard resplendit encore d'un éclat particulier. Parmi les martyrs, les uns, à l'exemple du divin Maître, conservaient une patience silencieuse ; d'autres jetaient le défi au front de leur juge, d'autres semblaient insensibles, extasiés par la vue de la couronne, ou, pour citer un autre héros poitevin, lisez les lettres du vénérable Cornay, l'inspirateur et le modèle de Théophane. Cette âme naturellement lente et insoucieuse est vivement électrisée par la grâce; de là d'ineffables accents de surprise, de triomphe, de naïve admiration pour ses combats ; il compte soigneusement ses cent cinquante coups de verges de fer, les gouttes de sang qui ont coulé, ses mois vides et ses nuits amères dans sa geôle : il est plus étonné que les autres de ne s'entendre ni crier, ni se plaindre. Chez Théophane, la grâce revêt une forme différente, mais aussi fièrement dessinée : c'est une indomptable sérénité, que rien ne trouble. On peut lui appliquer ce que les Anglais disent d'un de leurs poètes : qu'il est né avec un bouton de rose sur les lèvres et un oiseau pour chanter à son oreille, tant ses images sont gracieuses et ses paroles pleines de mélodie. Enfant, il avait souri à Dieu, à la sainte Vierge, à son père, à ses frères, à sa sœur chérie, une autre mère, aux coteaux de Bel-Air, à ses condisciples, et, nous nous le rappelons, aux fêtes de collége qu'animait son inépuisable gaieté. Plus tard, il sourit de même à la mort, à la torture, à ses bourreaux. Son aménité céleste fait partout éclore des fleurs. La veille de sa mort, il les verse à pleines mains sur sa cage de fer, sur l'instrument du supplice, sur la terre qui boira son sang. Pour lui, le coup fatal qui tranchera sa tête n'est que la pression légère qui détache de sa tige la fleur destinée à orner l'autel. Mon Dieu! en présence de vos martyrs, que nous nous sentons misérables, avec notre acharnement à vivre et notre stupeur de la mort!

Cette nuance du courage chrétien, rare même dans les annales du martyre, est grandement estimée par l'Église de Jésus-Christ; elle l'honore d'une manière spéciale dans sainte Agnès, cette jeune fille qui, sous l'étreinte des instruments du supplice et des mains sanglantes des confecteurs, ne rêve et ne parle que du divin Epoux, de ses diamants, de ses colliers, de ses bracelets, de ses diadèmes de fiancée, inestimables de valeur, gais comme les jours de printemps.

Cette sérénité du Martyr, connue de ses parents et de ses concitoyens, avait donné la même teinte à la fête : rien n'y sentait la mort, tout y respirait l'espérance et la vie. La maison paternelle était ornée de fleurs comme au jour des noces ; un festin hospitalier, présidé par ses deux frères, attendait les nombreux condisciples du héros. A la messe, personne n'eut l'idée de prier pour son âme. L'office de la Vierge, avec ses blanches couleurs, ne fut troublé par aucun signe de deuil, par aucun souvenir du trépas. Le martyre est si voisin du ciel que, comme lui, il n'a ni larmes ni tristesse! On pria pour la propagation de la foi, et à la fin de la messe, le chœur nombreux des prêtres chanta le psaume qui invite toutes les nations à bénir le Seigneur.

La mort du martyr est belle entre toutes les morts! Quelque brillantes que soient les autres variétés du trépas, elles ont leur côté lugubre. Théophane Vénard et ses condisciples assistaient, il y a quatorze ans, à une cérémonie funèbre en l'honneur d'un martyr militaire. C'était en 1848.

Nous étions allés dans la petite église de Sillards pour verser nos prières et nos larmes sur le cercueil de l'héroïque capitaine Mangin. Comme Théophane, il était tombé dans la fleur de la jeunesse; comme lui, il était mort volontairement quand il pouvait vivre par la fuite; comme lui, il avait succombé au poste librement choisi, sans que le devoir l'y eût placé. Aussi, je me rappelle l'émotion profonde qui nous saisit en voyant ces restes magnanimes mutilés par des assassins; cette épée si noble, si pure, si intrépidement portée; cette croix qui n'avait pas préservé la poitrine de son maître. Et pourtant ces glorieux insignes étaient couverts d'un crêpe, la tristesse était sur les fronts, des larmes coulaient sous les voiles noirs de ses parentes.

Nous félicitions la famille du courage de ce fils généreux; mais qui eût osé la complimenter sur sa mort! Dans le martyre, au contraire, c'est la mort elle-même, avec ses ignominies et ses souffrances, qui provoque l'admiration et la joie. Elle est d'autant plus aimée qu'elle exige une plus riche dot de douleurs pour accorder sa main douce comme celle de Rachel [1]. C'est cette mort du martyr qui réalise à la lettre la parole de l'Écriture : *Absorpta est mors in victoria* [2].

On savait que Monseigneur devait parler après la messe. L'orateur et le héros donnaient droit d'attendre beaucoup : l'attente a été dépassée. L'impression prochaine de cet admirable discours ne nous en permet pas l'analyse. Au reste, elle serait impossible. La science qui compte les pétales d'une fleur et qui mesure les angles d'un cristal, n'osera jamais décrire le parfum des roses, l'orient des pierres précieuses; pour en avoir l'idée, il faut les sentir, les contempler.

M. Chauvin, vicaire de Saint-Jacques de Châtellerault, a lu un

---

[1] Discours de Monseigneur l'Évêque de Poitiers.
[2] I Cor., xv, 54.

Hymne en l'honneur du Martyr : sa poésie, tour à tour fière, gracieuse et tendre, a provoqué souvent des murmures d'approbation, et, vers la fin, des larmes d'attendrissement. En voyant ces mains extrêmes dans la hiérarchie sacerdotale, celles du Pontife et celles de l'humble vicaire, s'unir pour tresser la couronne du Martyr, nous nous sommes souvenus de celle que le poète latin ambitionnait pour le front de son héros :

*Sine tempora circum
Victrices inter hœderam tibi serpere lauros* [1].

Le soir, la même foule se réunissait dans l'église pour assister à la fête de l'Archiconfrérie. M. l'abbé de Larnay, théologal du Chapitre et directeur de l'œuvre de la Propagation de la Foi, a parlé des bontés de Marie. Sa parole pleine d'onction et de piété a vivement impressionné son auditoire.

Cette fête a été un triomphe pour notre diocèse. L'Église de Poitiers a envoyé sur la terre étrangère seize de ses enfants. Trois ont succombé à la fatigue et aux dangers, trois sont tombés sous le fer, en haine de la Foi. Un sort pareil attend la plupart des autres. Lorsque leurs frères qui sont restés apprennent leur trépas héroïque, ils ne versent pas de larmes, mais ils disent à l'Église d'Hilaire qui les a formés, à la famille chrétienne qui les a nourris : Votre martyr, qui prie dans le ciel, vous vaut beaucoup mieux que sept enfants qui combattent encore sur la terre : *Multo tibi melior est quam si septem haberes filios*. (Ruth., IV, 15.)

(Extrait du journal *le Monde*, 16 février 1862.)

---

[1] Souffre que le lierre se glisse sur ton front parmi les lauriers vainqueurs. (VIRG. Eglog. VIII).

HYMNE

EN

L'HONNEUR DU MARTYR

J. THÉOPHANE VÉNARD

DÉCAPITÉ POUR LA FOI

AU TONG-KING, LE 2 FÉVRIER 1861.

I.

Sur la montagne elle est assise
La cité du Roi souverain ;
A ses pieds le torrent se brise
Contre ses murailles d'airain.
    Sainte Église, notre refuge,
En vain tes ennemis redoublent leurs complots,
    Ton fondateur sera leur juge ;
Ils ont par leurs forfaits attiré le déluge,
    Ils seront punis par ses flots.

« Il est temps, ont-ils dit, que son règne finisse !
» De l'Église sur nous le joug a trop pesé.
» Nous voulons que le sceptre en sa main soit brisé,
» Et s'il le faut enfin, qu'elle-même périsse ! »

Insensés! contre Dieu serez-vous les plus forts?
  L'Église rit de vos efforts :
Elle a pour la venger l'éternelle promesse ;
  Elle a d'antiques souvenirs ;
  De ses fils elle a la tendresse.
Écoutez !.... l'Océan apporte des soupirs.....
Est-ce un chant de triomphe ? est-ce un cri de détresse ?...
  Trêve à vos transports d'allégresse :
L'Église vous confond par la voix des Martyrs !

II.

Des Martyrs ! parmi vous en est-il ? Qu'on les nomme.
— Savez-vous ce que c'est qu'un Martyr ? — C'est un homme
Qui meurt en défendant les droits lésés de Dieu,
Qui rend à Jésus-Christ un sanglant témoignage.
L'Église sur le monde a le droit d'héritage,
Et ce droit, le Martyr le proclame en tout lieu.

Oh ! de ce nom sacré n'appelez pas les vôtres,
Vous qui, de la révolte audacieux apôtres,
Sur le cœur de l'Église avez porté le fer ;
Vous, ennemis jurés de la liberté vraie,
Qui parmi les froments ensemencez l'ivraie,
Si vous êtes Martyrs, vous l'êtes de l'Enfer !

De l'Enfer, ici-bas, vous consommez l'ouvrage ;
Aux peuples affranchis vous rendez l'esclavage ;
Il n'est rien de sacré, rien, pour votre fureur.
Artisans, pour le mal ardents à la besogne,
Quand vous fermez l'oreille aux cris de la Pologne,
Vous livrez l'Italie au joug de la terreur !

Avez-vous d'un seul peuple, au mépris des tortures,
Au mépris de la mort, étanché les blessures?
Vous, les vengeurs de l'homme et de sa dignité!
En avez-vous jamais épousé la misère
Pour l'arracher au gouffre, en lui disant : « Mon frère,
» Avec la foi du Christ reçois la liberté ! »

Oh! non, ce n'est pas vous qui, fuyant nos rivages,
Irez de votre sang teindre toutes les plages.
Oh! non, vous aimez mieux, fils ingrats et pervers
Poursuivre de vos cris l'Église votre mère,
Et chercher de ses mains à ravir la lumière
Pour rendre, en l'éteignant, la nuit à l'univers !

Mais, vain espoir, la mort dissipera vos rêves,
Et de votre navire, échouant sur les grèves,
Vous la verrez flotter à l'horizon lointain,
Cette Église, en Martyrs si riche et si féconde,
Qui s'en va rallumer aux quatre points du monde
Son phare bienfaisant par votre souffle éteint.

Sainte Église, salut ! oh ! salut ! nef sublime
Qui parmi tant d'écueils nous sauves de l'abîme!
Salut à tous les cœurs qui savent te chérir!
Salut à ces héros, qui, debout sur ta proue,
Ont souffert pour ton nom sous le glaive et la roue !
Salut ! surtout, salut à ton dernier Martyr !

III.

Oui, salut victime choisie !
Salut ! grappe foulée, aux confins de l'Asie,
Pour le calice du Seigneur ;
Épi de froment pur tombé sous la faucille
Et, par le Père de famille
Placé dans la gerbe d'honneur [1].

Théophane, salut !! — Salut à ta patrie !
Au seuil où t'accueillait une mère chérie ;
Au sol que tes pieds ont foulé ;
Au temple, heureux témoin de tes ardentes larmes ;
Salut à cet autel où s'aiguisaient tes armes,
Héros pour le Christ immolé !

L'airain de ton baptême a sonné ta victoire.
L'Église de Saint-Loup [2] gardera ta mémoire,
Enfant, sa joie et son orgueil ;
Et si les flots, un jour, rapportent tes reliques,
On verra tout son peuple, en chantant des cantiques,
Baiser ton glorieux cercueil.

---

[1] Cette strophe et quelques autres du même Hymne, ne sont que l'expression poétique de certains passages des adieux du Martyr à sa famille. « ..... Il faut que le grain de froment soit moulu, que la grappe de raisin » soit pressée ; serai-je un pain, un vin selon le goût du Père de famille ? » — On ne peut s'empêcher de rapprocher de ces sublimes pensées les mêmes paroles de saint Ignace dont l'Église célébrait la fête la veille même du martyre de M. l'abbé Vénard : « *Frumentum Christi sum, dentibus bestiarum molar, ut panis mundus inveniar.* »

[2] Voir la notice biographique.

Car tu n'es pas tombé comme tombent les lâches !
Tu n'as pas reculé devant les grandes tâches,
   Infatigable moissonneur ;
Tu n'as pas au larron livré le champ du Maître,
Tu n'as pas, oubliant ta royauté de prêtre,
   Préféré la honte à l'honneur.

Tu n'as pas, chancelant à l'aspect du supplice,
En détournant la vue accepté le calice,
   Tu le bus, serein et joyeux ;
Et devant les bourreaux, radieux d'espérance,
A tous ceux qui t'aimaient sur la terre de France
   Tu laissas ces derniers adieux :

« Je pars, mes Bien-aimés, je quitte la carrière ;
» Du séjour des Elus j'entrevois la lumière,
   » Dieu m'ouvre ses bras et son cœur.
» Sitôt que mes combats vous saurez ma victoire,
» J'ai conquis des Martyrs et la palme et la gloire !..
   » Pleurez, pleurez, mais de bonheur [1] !

---

[1] « Un léger coup de sabre séparera ma tête comme une fleur printan-
» nière que le maître du jardin cueille pour son plaisir.... A cette nou-
» velle, chère sœur, tu pleureras, mais de bonheur ! — Vois donc ton frère,
» l'auréole des Martyrs couronnant sa tête, la palme des triomphateurs se
» dressant dans sa main ! Encore un peu et mon âme quittera la terre, fi-
» nira son exil, terminera son combat. Je monte au Ciel, je touche la
» patrie, je remporte la victoire, je vais entrer dans le séjour des Élus...»
—Lettre d'adieu du Martyr à sa famille, 20 janvier 1861.

» Adieu !... je vais offrir mon dernier sacrifice...
» J'aurais la vie au prix d'un léger artifice , [1]
   » Mais pourquoi fuir devant la mort?
» Mon cœur a soif des eaux de l'éternelle vie ;
» Au banquet nuptial le Seigneur me convie.
   » Adieu ! je vous attends au Port !... »

Mais, sur son cou , six fois , s'est abattu le glaive... [2]
Écoutez... dans le ciel un cri joyeux s'élève :
   « Il a vaincu ! gloire au Martyr !... »
Et, du temple éternel il gravissait les marches...
Quand soudain , traversant les rangs des patriarches ,
   On vit deux vieillards en sortir !

« C'est lui ! s'écriaient-ils , ce fils , notre espérance ,
» Que nous t'avions, Seigneur , dès sa plus tendre enfance,
   » Consacré d'un commun accord !

---

[1] «.... A la seconde question, je réponds que je n'ai excité en aucune manière les Européens à faire la guerre au royaume Annamite. — En ce cas, voulez-vous aller leur dire de partir, et l'on vous pardonnera? — Grand Mandarin je n'ai aucun titre pour régler une telle affaire, mais si sa Majesté me confiait cette mission, je suis sûr d'avance qu'elle échouerait, et sans retard je reviendrais subir la mort. — Vous ne craignez donc pas de mourir? — Grand Mandarin, je ne crains pas la mort. Je suis venu ici prêcher la vraie religion, je ne suis coupable d'aucun crime qui mérite la mort, mais si Annam me tue, je verserai avec joie mon sang pour Annam. »—Interrogatoire du Martyr. Annales de la Propagation de la Foi, N° de Sept. 1861, p. 377.

[2] «... Il fit ses adieux à la compagnie et partit pour le lieu du supplice. Il chanta, chemin faisant, jusqu'à l'endroit. Là, il distribua ses vêtements à ses bourreaux, ne gardant que son pantalon. Ce ne fut qu'au sixième coup de sabre que sa tête fut séparée du corps. »—Extrait d'une lettre de Mgr JEANTET à M. CHARRIER, directeur au Séminaire des Missions.

» Comme aujourd'hui Marie au temple de la terre,
» Permets, Roi des Martyrs, à son père, à sa mère [1],
　　　　» Permets de te l'offrir encor ! »

Et du glaive à son cou baisant les traces saintes :
« Dieu, s'écriait le père, a terminé mes plaintes,
　　　　» L'exil, mon fils, je l'ai quitté !
» Je viens comme au début de ton lointain voyage,
» Te bénir au retour !.... Sois béni d'âge en âge !
　　　　» Sois béni pour l'éternité ! ! ! »

　　　　Salut ! ô victime choisie !
Salut ! grappe foulée, aux confins de l'Asie,
　　　　Pour le calice du Seigneur ;
Épi de froment pur tombé sous la faucille,
　　　　Et par le Père de famille
　　　　Placé dans la gerbe d'honneur !

　　M. Vénard n'était âgé que de treize ans lorsqu'il perdit sa vertueuse mère. Son père fit, avec la générosité des anciens patriarches, le sacrifice de ce fils, objet de sa part d'une tendresse toute spéciale. En bénissant, avant de mourir, ses autres enfants, il n'oublia pas de renouveler en faveur de son cher Théophane la bénédiction qu'il lui avait donnée au moment de son départ.
　　La dernière lettre du Martyr est adressée à ce père bien-aimé ; il ignorait encore, dix-sept mois après, la nouvelle de sa mort.

IV.

Salut ! trois fois salut !!! — Oh ! du divin royaume,
Sur tant de cœurs blessés, verse l'huile et le baume ;
   Répands l'amour, répands la foi,
Répands sur ce Prélat, champion de l'Église,
Les grâces qu'en partant pour ta noble entreprise
   Sa main fit descendre sur toi !

Avec ta palme d'or, ta pourpre triomphale,
Deviens le protecteur de la terre natale
   Si fière de ton souvenir.
Songe aux Pasteurs zélés, anges de ton enfance,
Qui, voyant tes vertus croître avec ta science,
   Semblaient prévoir ton avenir [1].

Dieu les avait unis pour préparer tes voies.
Répands sur leurs vieux jours l'urne des saintes joies.
   Tous deux, pour fournir le chemin,
Avaient muni ton cœur de la céleste manne ;
Ils seront près de toi, glorieux THÉOPHANE,
   Assis à l'éternel festin !

---

[1] MM. les abbés MOINEAU, l'un curé-doyen de St-Loup, l'autre ancien Principal du collége de Doué, aujourd'hui curé de Moncontour.

Pense aux frères luttant sur les rives païennes,
Aux Maîtres dont les mains ont façonné les tiennes,
  Aux travaux de l'apostolat;
A ce Prêtre éminent, ton chef et ton modèle,
Qui vénère, à son tour, le disciple fidèle
  Qu'il a formé pour le combat [1].

Oh! surtout, veille bien sur ta famille aimée!
Le Prêtre avec ardeur combat dans notre armée [2],
  Henri dans le monde est resté [3];
Et ce cœur où le tien cherchait sa mère absente,
Mélanie, au foyer, ta tendre confidente,
  Pour suivre Jésus l'a quitté [4].

Trois ont atteint le but; trois courent dans l'arène.
O Martyr, soutiens-les dans la lutte incertaine,
  De leur coupe écarte le fiel;
Et quand de leur exil viendra l'instant suprême,
Athlète couronné du sanglant diadème,
  Toi-même viens ouvrir le ciel!

Nous aussi, compagnons de tes jeunes années,
Nous, dont tu paraissais suivre les destinées,
  Tous nous implorons ton secours.
Oh! nous sommes battus par de sombres orages!
La mer où nous voguons est grosse de naufrages,
  Nous avons de bien mauvais jours....

---

[1] M. ALBRAND, supérieur du Séminaire des Missions étrangères s'était fait un pieux devoir de répondre à l'appel empressé du clergé poitevin en venant partager les joies de cette touchante solennité.

[2] M. l'abbé E. VÉNARD, frère du missionnaire, vicaire de la cathédrale.

[3] M. H. VÉNARD, greffier de la justice de paix à St-Loup.

[4] Mlle Mélanie VÉNARD, aujourd'hui religieuse de la *Sainte-Famille*, sous le nom de sœur THÉOPHANE.

Viens, avec ces héros, fils de notre Aquitaine,
Les Cornay, les Bourry [1], morts aussi dans l'arène,
    Nous consoler, nous soutenir,
Seconder le Pasteur, digne héritier d'Hilaire,
Qui, parmi ses enfants, méritait pour salaire
    De compter un nouveau Martyr !

    Salut ! ô victime choisie !
Salut ! grappe foulée, aux confins de l'Asie,
    Pour le calice du Seigneur !
Épi de froment pur tombé sous la faucille,
    Et par le Père de famille
    Placé dans la gerbe d'honneur !

              L'abbé J.-B. CHAUVIN,

             Vicaire de Saint-Jacques de Châtellerault.

2 Février 1862.

---

[1] Le Vénérable Ch. Cornay, décapité pour la foi au Tong-King, le 20 septembre 1837, et M. Aug. Bourry, massacré en haine de la religion dans les gorges de l'Hymalaya, vers la fin de septembre 1854, appartiennent tous les deux au diocèse de Poitiers.

POITIERS.—TYP. DE HENRI OUDIN.

www.ingramcontent.com/pod-product-compliance
Lightning Source LLC
Chambersburg PA
CBHW071425060426
42450CB00009BA/2024